# ANCIENNES DIVISIONS

## TERRITORIALES

# DE LA NORMANDIE.

# ANCIENNES DIVISIONS

## TERRITORIALES

### DE

# LA NORMANDIE,

### PAR M. A. LE PREVOST.

---

*( Extrait de l'Annuaire de la Société de l'Histoire de France,*
*2ᵉ année. )*

# A PARIS,

## DE L'IMPRIMERIE DE CRAPELET,

### RUE DE VAUGIRARD, Nº 9.

—

## 1837.

# ANCIENNES DIVISIONS

## TERRITORIALES

### DE

# LA NORMANDIE.

---

A l'époque de l'invasion de la Gaule par les Romains, deux des cités dont la Normandie actuelle occupe l'emplacement (les Velocasses ou Bellocasses, habitants du Vexin, et les Caletes, habitants du pays de Caux) faisaient partie de la Belgique, la plus septentrionale des trois grandes divisions de cette même Gaule. Les chefs-lieux de ces deux cités étaient *Rotomagus* (Rouen), et l'établissement gaulois qui a précédé *Juliobona* (Lillebonne).

Le reste du territoire normand appartenait à la Celtique. Il était habité par les Lexoves, les Aulerques Éburoviques; les habitants du diocèse de Séez, les Viducasses, les Bajocasses, les *Unelli* et les Abrincates. *Noviomagus Lexoviorum* (le vieux Lisieux); *Mediolanum Aulercorum* (le vieil Évreux);

Séez; Vieux, près Caen; *Augustodurum* (Bayeux); *Cosedia*, qui s'appela ensuite *Constancia* (Coutances); *Ingena*, étaient ou devinrent plus tard les chefs-lieux de ces sept cités, qui paraissent avoir appartenu toutes, ainsi que celle des Caletes, à raison de leur position le long ou dans le voisinage de l'Océan, à la Confédération armoricaine.

Dans l'organisation romaine de la Gaule, sous Auguste, les Caletes et les Velocasses furent retranchés de la Belgique, et incorporés dans la Lyonnaise, qui remplaçait la Celtique. Ce prince, dans la vue de rendre impossible tout retour à l'ancien ordre de choses, apporta d'ailleurs beaucoup de changements aux limites et à l'étendue de chaque cité. Ce dut être sous son règne que le chef-lieu des Caletes (qu'on dit s'être appelé jusque-là *Caletum*) prit le nom de *Juliobona*, en l'honneur du conquérant de la Gaule. Strabon, qui écrivait sous Auguste et Tibère, parle de l'important commerce qui avait lieu de son temps entre l'Italie et l'Angleterre par la ligne du Rhône, de la Saône et de la Seine, et dont les contrées voisines de l'embouchure de ce dernier fleuve étaient nécessairement l'entrepôt.

La Lyonnaise resta près de trois siècles sans éprouver de démembrement. On pense que ce fut Dioclétien (284-305) qui la divisa le premier en deux provinces du même nom. La seconde Lyonnaise, qui comprit les pays présentement occupés non seulement par la Normandie, mais encore par la Touraine, l'Anjou, le Maine et la Bretagne, reçut pour métropole *Rotomagus,* enrichi par le commerce de transit, dont nous venons de parler; son territoire s'était peut-être déjà accru de celui de *Juliobona,* qui a été dévastée à plusieurs reprises par les Barbares.

Un siècle plus tard et sous le règne de Valentinien ou de Gratien, la seconde Lyonnaise fut encore morcelée en deux parties, dont l'une, conservant le même nom et la même métropole, ne comprit plus que les cités représentées par la Normandie actuelle; tandis que l'autre, prenant Tours pour métropole, se composa de tout le reste de la précédente circonscription.

Le christianisme, apporté à Rouen par saint Mellon vers l'époque de l'élévation de cette ville au rang de métropole, ne pénétra que successivement dans les autres parties de la seconde Lyonnaise, et même beaucoup plus tard dans quelques unes. Là, comme ailleurs, il moula son organisation sur celle de la province, qui ne comptait plus alors que sept chefs-lieux de cités. Ceux-ci, par suite de la fixité que le catholicisme a toujours imprimée à ses institutions, sont restés jusqu'à la révolution le siége d'un pareil nombre de diocèses (Rouen, Évreux, Lisieux, Bayeux, Coutances, Avranches et Séez), dont la circonscription représentait en masse, avec assez d'exactitude, celle des cités qu'ils ont remplacées. Dans les détails, au contraire, nous aurons occasion d'y signaler de nombreuses altérations. La plupart sont dues à l'adjonction aux diocèses les premiers constitués, de territoires contigus dont les populations auront été converties au christianisme par les soins de leurs pasteurs ; l'extension du diocèse de Bayeux, sur la droite de la Dive, presque jusqu'aux portes de Lisieux, nous semble être l'un des faits de ce genre les plus authentiques que l'on puisse signaler. Ailleurs les changements de circonscription ont pu tenir à la supériorité de puissance ecclésiastique ou politique de l'un des deux siéges, ou même à des affinités purement électives. C'est ainsi, par exemple, que l'agrandissement considérable du diocèse de Lisieux aux dépens de celui de Séez, dans le courant du xie siècle, fut le résultat d'un libre choix de la part des seigneurs de cette contrée. (*Ord. Vit.*, l. iii, p. 464.)

La prédication de l'Évangile nous paraît dater de la fin du ive siècle à Bayeux, de quelques années plus tard à Évreux et à Séez, du milieu du ve siècle à Coutances, et de sa fin à Avranches. Quant à Lisieux, ce n'est qu'à une époque assez avancée du vie siècle (538) qu'on voit figurer dans l'histoire un de ses évêques. L'archevêque de Rouen avait le titre de primat de Normandie. Ses six suffragants prenaient rang dans l'ordre suivant, qui remonte jusqu'à la notice de l'Empire : Bayeux, Avranches, Évreux, Séez, Lisieux, Coutances. Les évêques de Séez ont quelquefois adopté dans leurs souscriptions

le nom d'évêque d'Exmes (*Oximensis*), et les évêques de Coutances celui d'évêque de Saint-Lô
(*Brioverensis*).

Depuis la chute de la puissance romaine jusqu'à
l'établissement fixe des Normands dans la seconde
Lyonnaise, cette province ne subsista plus que
comme circonscription ecclésiastique, et se trouva
comprise dans la Neustrie ou Nouvelle-France, c'est-
à-dire dans la portior N.-O. de l'empire des enfants
de Clovis; laquelle embrassa d'abord tout l'espace
renfermé entre la partie supérieure de la Meuse,
l'Escaut, la mer et la Loire. Plus tard ce nom ne s'appliqua plus qu'aux contrées situées entre la Seine et
la Loire; on a même fini par l'employer abusivement pour désigner, d'une manière exclusive, tantôt
la Bretagne, comme certains écrivains des ix⁰ et
x⁰ siècles, tantôt la Normandie actuelle. Cette dernière acception, contre l'inexactitude de laquelle
nous devons protester, s'est surtout répandue dans
la poésie moderne.

C'est à l'époque de l'établissement de l'organisation militaire et judiciaire mérovingienne qu'on
doit rapporter le morcellement de la division romaine des diocèses en *pagi*, gouvernés par des
officiers qui prirent le titre de comtes. Quoique ce
morcellement ait eu lieu quelquefois sans aucune
considération pour les limites de l'organisation ecclésiastique, il s'y renferme le plus souvent. Cette
circonstance nous détermine à grouper par diocèses

les *pagi* que renferme le territoire de la Normandie, dans l'examen rapide que nous allons en faire.

## §. I. DIOCÈSE DE ROUEN.

Nous avons dit que dès une époque fort reculée, peut-être même contemporaine de l'élévation de *Rotomagus* au rang de métropole, la vaste et populeuse cité des Caletes avait été placée sous sa juridiction. Nous pensons que ce fut plus tard, et probablement lors de l'établissement des *pagi*, qu'une fertile contrée fut démembrée de plusieurs côtés pour lui former un territoire, un comté particulier, portant son nom (Roumois, *Rotomagensis*). On ne saurait concevoir, en effet, de motif raisonnable à cette mesure, tant que la plus grande partie des cités aux dépens desquelles se fit cette nouvelle circonscription, restèrent elles-mêmes dans la dépendance immédiate de ce chef-lieu, et l'on ne peut l'expliquer, même à l'époque de cette création, que par l'intention bien positive d'éparpiller le pouvoir, puisque les contrées qui en furent alors démembrées n'offraient aucun centre de population propre à en fournir l'occasion. Nous avons cru devoir commencer par appeler l'attention sur ce fait remarquable, avant d'entrer dans l'examen détaillé des *pagi* renfermés dans l'immense diocèse de Rouen.

1. *Pagus Tellau*, TALOU. — Maintenant, si nous commençons cet examen par le nord, le premier

*pagus* que nous y rencontrerons sera le Talou (*pagus Tellau, Tellao, Talanus, Talou, Talogiensis*) (1), démembrement du territoire des Caletes, ayant pris son nom de la rivière de Telles (*fluvium Tellas*, aujourd'hui la Béthune ou rivière de Neufchâtel) qui le traversait. Ce *pagus* était borné au N.-E. par le Vimeu (*pagus Vimnau, Vinemacus, Vitnau*), dont il était séparé par la Brêle ou rivière d'Eu (*Aucia, Auga, Auva*); au N.-O. par la mer; à l'ouest par le *pagus Caletensis*; au sud et au S.-E. par le *pagus Rotomagensis* et la vallée de Brai, qui faisait partie de ce dernier. En citant la rivière de Brêle comme la frontière du côté du Vimeu, nous devons ajouter que cette limite n'a été constamment respectée ni par les historiens, ni même par les rédacteurs des chartes, qui ont parfois attribué à l'un de ces *pagi* des lieux appartenant à l'autre.

Les bornes du Talou sont moins précises du côté du pays de Caux proprement dit, *pagus Caletensis*. Il paraît qu'avant l'invasion normande on l'étendait habituellement jusqu'au-delà des vallées de la Saane (*Sedanna*), et même du Dun (*fluvius Dunum*). Charles-le-Chauve, dans un diplôme en faveur de la cathédrale de Rouen, le prolonge jusqu'à la rivière de Fécamp et à Goderville; mais nous avons peine à croire que ce ne soit pas par l'effet d'une confusion

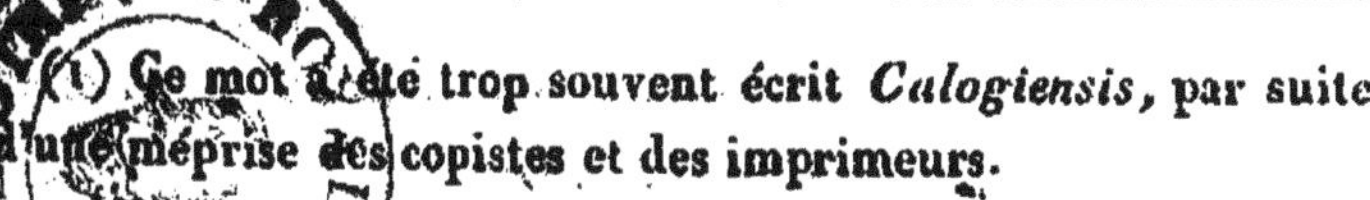

____________________

(1) Ce mot a été trop souvent écrit *Calogiensis*, par suite d'une méprise des copistes et des imprimeurs.

semblable à celle que nous venons de signaler dans sa délimitation avec le Vimeu. Au XIe siècle, la ligne de séparation fut reportée jusqu'à la vallée de la Sie, puisque nous voyons à cette époque Appeville près Dieppe, dans le Talou, et Omonville dans le pays de Caux (1). Vers le sud, on peut supposer que la circonscription était la même qui, jusqu'à nos jours, a séparé l'archidiaconé du petit Caux du grand archidiaconé; au S.-E. nous pensons que le Talou s'étendait jusqu'aux bords de la vallée de Brai.

Après la fondation du château d'Arques par le comte de Talou, Guillaume, vers 1040, ce *pagus* perdit son nom pour prendre celui de comté d'Arques.

Nous trouverons bientôt, sur un autre point du diocèse de Rouen, un pays de Telles, homonyme de celui-ci, et qui a été confondu avec lui, même dans des documents officiels.

2. *Pagus Caletensis*, PAYS DE CAUX. — Le *pagus Caletensis* (*provincia Calciacensis, Caltivum territorium, pagus Cultis, comitatus Cassis, comitatus*

______

(1) *In pago Talou.... et capellam de Appavilla.... quatuor villarum Caletensis pagi Maltevillæ scilicet, Flamenvillæ, Amundivillæ et Anglicævillæ ecclesias....* Cart. de Sainte-Catherine-du-Mont. Charte de Gosselin le vicomte (1030) et de Raoul de Varenne (1073).

*Calciacus* ), est la portion S.-O. du territoire des *Caletes*, non comprise dans le démembrement qui composa le Talou, ni dans celui qui servit à former le Roumois. Nous venons de voir que les limites du Talou avaient quelquefois été portées jusqu'à Goderville; il paraît que, dès son origine, le Roumois n'avait pas moins empiété sur le sol du pays de Caux, puisqu'au milieu du vii<sup>e</sup> siècle, non seulement Jumièges, mais encore Saint-Wandrille, si voisin de Lillebonne, l'ancien chef-lieu des Caletes, sont déjà représentés comme lui appartenant. Quelque considérables que soient ces démembrements, ils ne suffisent pas encore, ce nous semble, pour expliquer comment il se fait que le pays de Caux figure si rarement dans les récits et les actes antérieurs à l'invasion normande, et qu'il ne soit pas même cité dans la liste de tournées des *missi dominici* de 853, où de chétives et éphémères subdivisions de *pagi* n'ont pas été oubliées, tandis qu'au vii<sup>e</sup> siècle il était encore qualifié du titre de *provincia Calciacensis*. Il reprit de l'importance sous les ducs de Normandie, qui le reportèrent sur la ligne de délimitation qu'il a conservée jusqu'à la révolution, du côté du Roumois (1). Plus tard, après que le Talou, et le comté d'Arques qui le remplaça, eurent cessé d'exister, le

_________

(1) Dans la citation ci-dessus Flamanville et Motteville sont expressément désignées comme appartenant au *pagus Caletensis*.

pays de Caux rentra à peu près de ce côté dans les limites septentrionales des Caletes.

8. *Pagus Rotomagensis*, Roumois. — Le Roumois (*pagus Rotomagensis*, *Rodomensis*, *Rodmensis*, *Rotmensis*) paraît, comme nous l'avons dit, avoir été formé de toutes pièces, à l'époque de l'établissement des *pagi*, soit pour fournir à la métropole de Rouen un territoire, un comté particulier, soit plutôt pour enlever de vastes contrées à sa juridiction. Nous venons d'indiquer ses limites au nord du côté du Talou, et à l'ouest du côté du pays de Caux; au midi, nous savons qu'il s'étendait sur la rive gauche de la Seine jusqu'à l'embouchure de la Risle, dès l'époque de saint Ouen, puisqu'on voit saint Germer aller, par l'ordre de ce prélat, gouverner le monastère de Pentalle (aujourd'hui Saint-Samson-sur-Risle) *in pago Rotomagensi super fluvium Lirizinum*. Il est probable que cette contrée, qui a seule conservé jusqu'à nos jours le nom de Roumois, appartenait antérieurement à la cité des Lexoves ou à celle des Éburoviques, et peut-être est-ce l'église de Rouen qui, en la conquérant sur le paganisme, en aura préparé la réunion à son territoire. Quoi qu'il en soit, elle était séparée du Lieuvin (*pagus Lisvinus*) par la Risle, et de l'Évrecin (*pagus Ebroicinus*), probablement par la même ligne qui a, jusqu'à la révolution, délimité de ce côté de la Seine les diocèses de Rouen et d'Évreux. On la voit déjà figurer

à part dans la liste de tournées des *missi dominici*, en 802 : *et de illa parte Sequanæ Rodomensi* (1).

Au-delà de cette ligne, qui laissait la plus forte partie du territoire d'Elbeuf dans le diocèse d'Évreux, le *pagus Rotomagensis* était borné au midi par le fleuve, qui le séparait du *pagus Ebroicensis ;* puis à l'orient par l'Andèlle, dont la rive gauche était restée aux Velocasses. Aussi Charles-le-Simple, dans un diplôme de 905, indique-t-il Pitres comme placé *super fluvium Sequanæ in pago Rotomagensi*.

Au N.-E. nous pensons que ce *pagus* s'étendait jusques et y compris la partie de la vallée de Brai qui dépend du diocèse de Rouen. On dérive ordinairement ce nom de Brai d'un mot qui, à une époque postérieure, a signifié *de la boue : castrum Braium, quod lutum interpretatur*, est-il dit dans un recueil de récits des miracles de saint Bernard. Quoique la nature du terrain du pays de Brai se prête merveilleusement à cette étymologie, puisque c'est l'une des contrées les plus fangeuses du royaume, son nom

---

(1) Nous avons parlé ci-dessus des erreurs de topographie que renferment quelquefois les documents les plus authentiques. Nous en trouvons un exemple remarquable dans une charte du duc de Normandie, Richard II, en faveur de la cathédrale de Chartres, sous la date de 1014, où l'église de Hauville est représentée comme appartenant à l'Évrecin, tandis qu'elle est réellement dans le Roumois, à plusieurs lieues des limites.

nous paraît plutôt venir du mot *bracus*, employé comme synonyme de vallée dans un passage de la Chronique de Fontenelle. Dans tous les cas, ce nom n'est pas celui d'un *pagus*, mais d'une contrée naturelle formée par la dénudation des couches inférieures de la craie, et qui s'étend depuis Frocourt et Auteuil, près Beauvais, jusqu'à Bures, dans l'arrondissement de Neufchâtel. La portion de cette vallée qui appartient à la Normandie est fort rarement mentionnée avant le xi<sup>e</sup> siècle ; nous voyons seulement Saint-Saire-en-Brai (*Sanctus-Salvius in Brago*) figurer dans le testament d'Ansegise, abbé de Fontenelle, et l'abbaye de Saint-Denis posséder quelques propriétés dans le pays de Brai, *mansos in Bracio*. Ces biens sont cités dans les répartitions des charges et des fournitures entre les domaines de l'abbaye, établies par les chartes de Louis-le-Débonnaire en 831, et de Charles-le-Chauve en 862 (*et mansos in Bracio... in Rotomagensi pago, ubi dicitur Bracium, mansos* IV). C'est ce dernier passage, trop négligé jusqu'ici, qui nous paraît prouver d'une manière incontestable que la vallée de Brai se rattachait au Roumois.

4. *Pagus Vilcassinus*, LE VEXIN. — Le Vexin (*pagus Vilcassinus, Wilcassinus, Wulcassinus, Veliocassinus, Vilcanensis, Velcassinus, Vircassinus*; Veulquessin) comprenait toute la portion de l'ancien territoire des Velocasses, qui n'en avait pas été démem-

brée pour contribuer à la formation du *pagus Rotomagensis*. Nous venons de voir que de ce côté (à l'ouest)
il était borné par l'Andelle. Au midi, la Seine le
séparait du *pagus Ebroicensis* depuis l'embouchure
de l'Andelle jusqu'à celle de l'Eure, puis des *pagi
Madriacensis* (le pays de Madrie) et *Pinciacensis*
(le Pincerais). A l'orient, il s'étendait fort au-delà
du territoire normand, et, au moins sur quelques
points, jusqu'à la ligne de l'Oise, où il rencontrait le
*pagus Parisiacus*. Enfin, au nord, il avait pour voi-
sins d'abord, en partant du Parisis, le *pagus Camlia-
censis*, puis le *pagus Bellovacensis* ou Beauvoisis.
Après l'invasion normande, la fixation des frontières
du nouveau duché à la ligne de l'Epte, entraîna la division du Vexin en deux parties à peu près égales : le
Vexin normand, à l'ouest, et le Vexin français, à l'est
de cette rivière. Une charte du duc de Normandie,
Robert I^er, est le document où nous trouvons ces nou-
velles dénominations consignées pour la première
fois, quoique le fait duquel elles découlent remonte
un siècle plus haut.

Cette rivière d'Epte (*Itta, Etta, Epta*) a porté
aussi le nom de Telles (*per Sequanam in fluvium Tellas
ascendunt*.... Ann. Bertin. ann. 861), qui lui était
commun avec une vaste forêt, située sur ses deux
rives, et de l'existence de laquelle on trouve des
traces dans les noms de Joui (1) en Telles, Beautru

_________________

(1) Nous croyons devoir restituer à la fin des noms de lieu

en Telles, Fresnelles en Telles, Méru en Telles, etc., que portent encore un assez grand nombre de lieux du Vexin et du Beauvoisis. Nous pensons que c'est à cette forêt, constamment désignée par le nom de Telles, plutôt qu'à la rivière, qui ne l'a reçu qu'accidentellement, qu'il faut rapporter l'origine d'un second *pagus Tellao* ou *Tellau* dans cette partie du Vexin. Ce qu'il y a de certain, c'est qu'on rencontre des traces authentiques de son existence (au moins comme contrée) dans un plaid de Charlemagne (781) relatif à *Sonaciarga Villa* (Surci, hameau de Mézières), qui y est indiquée comme située *in pago Tellau super fluvium Itta.* Deux autres diplômes, le premier de Pépin vers 750, le second de Charlemagne en 775, confondent dans un seul *pagus Tellau* les lieux nommés *Pistus, Maceria, Verno, Fiscera, Potio, Boldacha, Brittenevalle, Atiliaco, Agusta, Rausedo, Crisonarias, Gauriaco,.....* dont les trois premiers (Pitres, Mézières, Vernon) appartiennent aussi incontestablement au Vexin ou à sa frontière, que le septième (Berneval) au Talou.

Dans la liste de tournées des *missi dominici* en 853, le Vexin figure avec le Parisis et le Beauvoisis dans un arrondissement autre que celui qui renferme le Roumois et le Talou.

------------------------------------------------------------

l'*i* primitif, auquel l'*y* n'a été substitué par les copistes qu'à une époque assez avancée du moyen âge.

## §. II. DIOCÈSE D'ÉVREUX.

5. *Pagus Ebroicinus.* — Le diocèse d'Évreux n'a jamais présenté que deux *pagi* bien distincts, savoir : le *pagus Ebroicinus*, qui en occupait la portion la plus considérable ; et le *pagus Madriacensis*, dont il ne comprenait qu'une extension.

Le premier (*pagus Ebroicinus, Ebrecinus, Ebricinus, Ebroacensis, Ebroicacensis;* Évrecin) empruntait son nom à la cité des Aulerques Éburoviques, de l'héritage de laquelle il avait recueilli, comme nous venons de le dire, la plus forte part. Nous avons déjà donné sa circonscription au N.-O. et au nord. Il était séparé à l'est, par l'Eure, du *pagus Madriacensis;* au sud, par l'Avre, des *pagi Durcassinus* et *Carnotinus,* ainsi que du *Saltus Perticensis;* à l'ouest, par la Charentonne, du *pagus Lexoviensis.* Au S.-O., il se prolongeait probablement, comme l'ancien évêché d'Évreux, au-delà des limites du département de l'Eure. Nous regrettons que son équivalent en français, Évrecin, encore employé par Wace au xii<sup>e</sup> siècle, ait été remplacé par les désignations beaucoup moins significatives de *pays de Campagne, campagne du Neubourg* et *campagne de Saint-André.*

La fraction de ce vaste territoire comprise entre la Risle et la Charentonne, appartenait à la contrée naturelle encore connue sous le nom de pays d'Ouche, et souvent indiquée, mais à tort, comme constituant un véritable *pagus Uticensis*, qui n'a jamais existé. Nous retrouverons dans le diocèse suivant cette région, qui paraît avoir pris son nom d'une vaste forêt : *Sylvam quam Uticum protestantur incolæ*, dit la vie de saint Évroult ; suivant Orderic Vital (l. iii, p. 478) ce serait de l'une des fontaines d'où sort la rivière de Charentonne : *Ante portas ecclesiæ Uticus fons oritur, à quo omnis circumjacens regio Uticensis dicitur;* mais il nous paraît plus naturel que le nom de la fontaine soit venu de celui de la forêt.

6. *Pagus Madriacensis.* — Le pays de Madrie (*pagus Madriacensis, Madricensis, Matricensis, Madrecisus*), situé au midi de la Seine, vis-à-vis le Vexin, appartenait pour sa plus forte part au diocèse de Chartres, et s'étendait dans celui d'Évreux entre la Seine et l'Eure jusqu'à leur confluent. Le monastère de la Croix-Saint-Leufroi, sur les bords de l'Eure, est indiqué comme situé *ad fines Madriacensis pagi.* Cette portion du pays de Madrie, qui ne fit pas partie d'abord du territoire concédé à Rollon, s'y trouva bientôt réunie, puisqu'elle constituait tout ou partie du douaire assigné par son fils à la duchesse Leutegarde, et prit aux xe et xie siècles, probablement à cause de sa forme étroite et péninsulaire, le nom de Longueville, qui n'est resté qu'à un hameau de la commune de Saint-Pierre-d'Autils. Aujourd'hui elle n'en porte aucun.

## §. III. DIOCÈSE DE LISIEUX.

**7.** *Pagus Lexoviensis.* — Dans l'évêché de Lisieux nous ne connaissons d'autre *pagus* authentique que le Lieuvin (*pagus Lexoviensis, Luxoviensis, Luxuviensis, Lexoinus, Lexuinus, Lisvinus, Lisiacensis, Lisoiensis, Lesvin*), dont les limites sont les mêmes que celles du diocèse à l'est et au nord, savoir : la Charentonne, la Risle et la mer. Au midi, il est certain qu'il restait fort en-deçà de l'extension que prit celui-ci dans le xi<sup>e</sup> siècle, presque jusqu'aux portes de Séez, lorsque Giroie et sa famille y eurent réuni leurs territoires. Nous pensons qu'il faut en retrancher au moins les doyennés de Gacé et de Montreuil pour retrouver la circonscription du *pagus*. A l'ouest, au contraire, c'était le *pagus* qui dépassait les frontières du diocèse pour aller chercher la ligne de la Dive. Nous en trouvons la preuve dans ce passage du testament de Vandemir et d'Ercamberte en faveur de Saint-Germain-des-Prés (690) : *Cambrimaro in pago Lexoino ;* tandis que Cambremer n'a jamais fait partie du diocèse de Lisieux. Nous avons déjà indiqué la circonstance qui a dû donner lieu à cet empiétement du diocèse de Bayeux sur celui de Lisieux, savoir : l'antériorité de la prédication de l'Évangile (1). Il est possible que ce

---

(1) Nous n'ignorons pas que, dans une histoire des évêques de Lisieux, cette extension du diocèse de Bayeux a été présentée

soit un fait analogue qui ait déterminé l'extension du diocèse de Séez sur la rive droite de la Dive, mais on peut y voir aussi les vestiges d'une circonscription antérieure, dans laquelle l'Hiémois se serait avancé jusqu'à la Vie.

Dans la suite, le nom de *pagus Lisvinus* ou Lieuvin ne s'appliqua plus qu'à la portion du territoire de Lisieux comprise entre la Charentonne, la Risle, la mer, la Touque et la rivière d'Orbec; puis, de nos jours, à la plaine qui y forme une contrée naturelle renommée pour sa fertilité. Toute la région placée de l'autre côté de la Touque, et même un enhachement sur la rive droite, à partir de Manneville-la-Pipart, pour aller gagner la mer entre Fiquefleur et Honfleur, reçut le nom de *pays d'Auge*, emprunté à une forêt existant au ix<sup>e</sup> siècle : *quod-*

---

comme ne remontant pas au-delà du xiii<sup>e</sup> siècle, et concédée par l'un d'eux (Jourdain du Hommet) sur les territoires dépendant de l'abbaye du Val Richer, assez long-temps après sa création, en reconnaissance d'une exemption pareille accordée à l'abbaye de Mondaie : comme cette assertion a été reproduite dans d'autres ouvrages, nous croyons devoir y répondre par deux faits qui suffiront pour la réfuter. D'abord, sur les dix paroisses que le diocèse de Bayeux possédait au-delà de la Dive, trois seulement étaient sous le patronage du Val Richer. De plus, cette abbaye, fondée d'abord à Souleuvre près Vire, n'a été reportée sur l'emplacement dont il s'agit que parce qu'il était déjà soumis, comme le précédent, à la juridiction des évêques de Bayeux.

*dam monasterium Sagiensi urbi vicinum, quod est in saltu Algiæ situm*, dit l'évêque Adelelme dans la *Vie de sainte Opportune*. Vers 1082, Rogen de Montgommeri donna à l'abbaye de Saint-Étienne de Caen *burgum de Trun cum silva de Alge*. Le ressemblance du nom de ce pays d'Auge (*saltus Algiæ* ou *Algiensis*), avec celui de la ville d'Eu (*Augum*), dont les comtes étaient qualifiés du titre de *comes Augensis*, ou même quelquefois *Algensis* (1), a donné lieu à des méprises sans nombre et d'autant plus difficiles à éviter pour les personnes étrangères à la connaissance intime de la topographie normande, que, par une fâcheuse coïncidence, les comtes d'Eu ont possédé de vastes domaines, et fondé des monastères dans le pays d'Auge.

Enfin, ainsi que nous l'avons dit, l'évêché de Lisieux acquit, à partir du xi^e siècle, le chef-lieu et toute la portion située sur la rive gauche de la Charentonne, du pays d'Ouche, autre contrée naturelle enlevée à l'Hiémois et au diocèse de Séez ; nous pensons qu'il y gagna au moins la totalité des doyennés de Gacé et de Montreuil.

## §. IV. DIOCÈSE DE BAYEUX.

8. *Pagus Bajocassinus*, Bessin. — Le diocèse de Bayeux nous paraît encore n'avoir renfermé

---

(1) *Gall. Christ.*, XI instrum., c. 160.

dans l'origine qu'un seul *pagus*, ou comté bien authentique, qui représentait à la fois le territoire des *Bajocasses* et celui des *Viducasses*, cité encore florissante en 238, ainsi que l'atteste le monument élevé cette année-là à T. Sennius Solemnis. Envahi par la race belliqueuse des Saxons, qui prirent, de son chef-lieu, le nom de Saxons Bayeusains (*Saxones Bajocassini*, Sesnes de Bayeux), le premier converti au christianisme de tous ceux qui restèrent attachés à la métropole de Rouen après le démembrement de la troisième Lyonnaise, ce *pagus* (*Bajocassinus*, *Bajocensis*, *Bajocacensis*, *Bagassinus*, *Bagisinus*; Bessin) a joué un rôle important dans l'histoire, et l'on pourrait croire qu'il se serait étendu, avec la juridiction ecclésiastique de ses évêques, au-delà des limites des deux cités qu'il remplaça ; néanmoins il n'en fut pas ainsi, au moins vers sa limite orientale, où nous avons vu que le *pagus Lisvinus* continua de se prolonger jusqu'à la Dive. De son côté, le *pagus Oximensis* ou Hiémois arrivait, dès le vi⁰ siècle, jusqu'au-delà de Tassilli (1). Il ne restait donc au Bessin, de ce côté de l'Orne, qu'une contrée de peu d'étendue, qui paraît en avoir été quelquefois démembrée sous la dynastie

______

(1) *Producat pagus Oximensis inter nostra quod suum est! siquidem vir sanctissimus ad Tassiliacum cum declinasset itinere.* (Vita S. Germani, episcopi Parisiensis.)

carlovingienne, et qui n'y rentra pas après l'invasion normande, époque où nous voyons le fondateur de l'abbaye de Fontenai, vers 1070, le restreindre à la rive gauche de l'Orne: *in pago vero Bajocensi in proximis fluminis Olnæ*, par opposition à l'abbaye et aux autres domaines situés sur la rive droite. Au midi, aucun document, à notre connaissance, n'en détermine l'étendue, et nous devons croire que sa circonscription était à peu près la même que celle du diocèse. Nous savons seulement que Cleci sur l'Orne en faisait partie : *infra comitatum Bajocacensem super fluvium Olnæ... villa quæ vocatur Eliclacus*. A l'ouest, il serait naturel de penser que la Vire aurait servi de limite entre le Bessin et le Cotentin; cependant Saint-Lô, situé sur la rive droite, a toujours appartenu au Cotentin, aussi bien qu'à l'évêché de Coutances, *quoddam castellum in Constantiensi territorio quod ad Sanctum Loth dicebatur* (Ann. Mett. ann. 890). Il paraît que le Bessin, de son côté, s'avançait sur la rive gauche jusqu'à Gavrai, qui en formait l'extrême frontière : c'est du moins ce que nous croyons pouvoir inférer de ce passage d'une charte de Louis-le-Débonnaire en faveur de Saint-Denis : *Et Gabaregium in Bagasino cum omni integritate et appenditiis suis quæ conjacent in pago Constantino...* La précision de cette détermination ne nous permet guère d'y soupçonner une erreur, d'autant plus qu'elle est calquée sur une indication exactement pareille de l'abbé Hilduin, qui devait bien connaître la situation des propriétés de son monastère.

Dans la liste de tournées des *missi dominici* en 802, le Bessin figure en masse : *in.... Bajocassino...;* mais dans celle de 853 on le trouve accompagné de trois autres contrées qui paraissent en être des démembrements : *in... Bagisino, Coriliso, Otlingua Saxonia et Harduini...* Cela est même prouvé pour ce qui concerne la seconde, par ces paroles d'une charte antérieure de sept années : *Quasdam res juris nostri sitas in comitatu Baiocasinse in pagello qui dicitur Otlingua Saxonia* (1). Nous sommes donc autorisé à supposer qu'il en est ainsi des deux autres. Aucun lieu n'est indiqué comme étant situé dans le *Corilisum.* On suppose que c'est la portion bayeusaine de la contrée naturelle, aujourd'hui connue sous le nom de Bocage normand, et qui occupe non seulement le midi des diocèses de Bayeux et de Coutances, mais encore la plus grande portion de celui d'Avranches. Quant aux deux *Otlingua,* nos savants devanciers, l'abbé Lebeuf et l'abbé Béziers, ont été portés à placer la première à l'ouest de Bayeux, à cause de l'existence dans ce quartier de deux villages, Saon et Saonnet ( dont les noms offrent quelque analogie avec le mot *Saxonia* ). Pour nous, nous

---

(1) Ce nom se trouve encore dans la *Vie de saint Aldric,* évêque du Mans, prélat contemporain : *In Autlingua Saxoniæ unum (Mansionile).*

croyons, avec Huet, reconnaître le lieu désigné par Charles-le-Chauve comme appartenant à ce *pagellus*: *villam nomine Heidram*, dans un village aujourd'hui nommé Airan (1), situé au midi d'Argences, très près de la station de poste de Moult. Alors l'*Otlingua Saxonia* aurait occupé, entre la mer et les rivières d'Orne et de Dive, la portion septentrionale de la contrée connue maintenant sous le nom de Plaine de Caen. Quant à l'*Otlingua Harduini*, le rang intermédiaire entre la précédente et l'Hiémois, qui lui est assigné dans la liste de tournées : *In.... Otlingua Saxonia et Harduini, Oxmiso et Lisvino*, nous porte, dans l'absence complète d'autres renseignements, à la placer également sur le terrain entre l'*Otlingua Saxonia* et l'Hiémois, le long de la rive droite de l'Orne, de manière à être représentée plus tard par le doyenné de Cinglais (2). Au

---

(1) Le nom de ce lieu est écrit *Haram* dans un pouillé du XIVe siècle.

(2) Sous les ducs de Normandie, le Cinglais, d'après une charte de Robert Ier, paraît avoir fait partie du *pagus Oximensis* : *In ipso eodem quoque pago (Oismacensi) duas villas Bolonem et Lesiam vocatas* ( Boulon et N.-D. de Laise). Nous pensons que cette extension de l'Hiémois, opérée peut-être par Robert lui-même lorsqu'il en était comte, ne fut que momentanée. La charte dont nous venons de citer un passage se trouve dans un cartulaire manuscrit de la cathédrale de Rouen : nous ne la regardons pas comme authentique, mais

reste, nous devons ajouter que si ces sous-divisions du *pagus Bajocensis* ont réellement existé dans la contrée où nous les supposons, elles y auront eu ou bien peu de durée, ou bien peu d'importance, puisque dès 860 Charles-le-Chauve les omet dans l'indication d'un lieu appartenant, de la manière la plus authentique, à ce canton du Bessin : *In pago quoque Bajocense villa Sancti-Silvini,* aujourd'hui Saint-Silvain, situé, comme Airan, sur la rivière de Muance, mais assez près de Tassilli, que nous avons vu appartenir à l'Hiémois, de sorte que de ce côté la ligne de séparation des deux *pagi* passait, comme a depuis continué de le faire celle des diocèses, dans le court espace compris entre les deux communes (1).

## §. V. DIOCÈSE DE COUTANCES.

Le diocèse de Coutances nous offre deux *pagi* bien authentiques, mais dont l'un n'a eu qu'une existence passagère, et n'est connu que par le récit d'un seul fait.

9. *Pagus Constantinus,* Cotentin. — Le premier

---

comme rédigée à une époque assez voisine de celle où vivait ce prince pour avoir la même autorité, en matière de topographie, que si elle était réellement émanée de lui.

(1) Cette ligne passait encore, avant la révolution, entre Saint-Silvain même et Soignolles, première paroisse du diocèse de Séez de ce côté.

en date, celui qui représente la masse du diocèse et celle de la cité des *Unelli*, a porté les noms de *pagus Constantinus, Constantiensis; Comitatus Constantinus*, et en français Cotentin. Le diocèse de Coutances était borné à l'ouest, au nord et au nord-est, par la mer; à l'est, par la Vire, sauf l'extension renfermant la ville de Saint-Lô et ses environs, sur la rive droite; au sud, par une ligne à peu de distance, et au sud de l'abbaye de Saint-Sever, allant gagner la mer encore plus près et au nord de l'abbaye de la Luzerne en suivant la ligne du Thar. On pourrait supposer que le *pagus* avait la même circonscription, mais il n'en a au moins pas toujours été ainsi. D'abord il est constant que, dans le courant du viii<sup>e</sup> siècle, un autre *pagus* occupait la presqu'île; ensuite nous venons de voir qu'au ix<sup>e</sup> le *pagus Bajocensis* franchissait la Vire pour s'étendre jusqu'à Gavrai. Au sud, ou au moins au sud-ouest, nous sommes plus certain que les limites n'ont pas changé, puisque l'abbaye de Sessai (aujourd'hui Saint-Pair) appartenait, dès le commencement du vi<sup>e</sup> siècle, au *pagus Constantinus*. On doit peu s'étonner des perturbations qui auront pu arriver dans la circonscription du Cotentin vers le sud-est, et qui probablement auront été les suites de son occupation par les Bretons au ix<sup>e</sup> siècle, occupation qui paraît s'être étendue, au moins momentanément, jusqu'à Bayeux, peut-être même jusqu'à l'embouchure de la Touque. Leurs chefs ayant été autorisés par Charles-le-Chauve, en 867, à conserver le Cotentin, auront cherché naturellement à en étendre les limites au moins jusqu'à la Vire, qui leur fournissait une bonne ligne militaire de défense.

Quant à l'extension du Cotentin sur la rive droite de la Vire, renfermant la ville de Saint-Lô, *Brio-vera*, elle paraît avoir existé de toute ancienneté, non seulement par le témoignage du ix<sup>e</sup> siècle que nous avons cité ci-dessus, mais encore par le titre d'évêque de Coutances ou de Saint-Lô, *episcopus ecclesiæ Constantinæ vel Brioverensis*, que prenait Saint-Lô au cinquième concile d'Orléans en 549.

10. *Pagus Coriovallensis*. — Le second *pagus* authentique, que nous pouvons signaler dans le diocèse de Coutances, portait le nom de *Coriovallensis*, provenant visiblement, quoiqu'avec une légère altération, de celui de la ville romaine de *Coriallum*, qui occupait l'emplacement de Cherbourg. La Chronique de Fontenelle, en rendant compte de l'arrivée miraculeuse à Portbail, vers le milieu du viii<sup>e</sup> siècle, d'une caisse renfermant des reliques et un manuscrit des quatre évangiles, qui y fut recueillie flottant sur la mer, ajoute que ce lieu faisait partie du *pagus Coriovallensis*, alors administré par le comte Richwin, qui apporta le plus grand zèle dans la réception de ces objets précieux, et dans la construction d'une église à Brix, *ad eum locum qui usque nunc vocatur Brucius*, pour les y déposer. Nous ne

pouvons douter de l'exactitude de cette donnée topographique, fournie par un personnage qui avait visité les lieux. Il faut donc admettre un *pagus* de ce nom occupant la presqu'île au viiie siècle, mais qui ne doit avoir eu qu'une existence passagère, puisque *Nantus* (Saint-Marcoul), appartenant à cette même presqu'île, est expressément désigné par les hagiographes du viie siècle comme situé dans le Cotentin : *fiscus in pago Constantino qui vocatur Nantus;* et qu'après le fait rapporté par la chronique de Fontenelle, on ne trouve plus aucune trace de la circonscription qu'elle indique.

Au xie siècle, le duc de Normandie, Richard III, donna en dot à sa femme Adèle la ville et le comté de Coutances, ainsi qu'un grand nombre de lieux situés dans le Cotentin, et parmi lesquels il y en a quatre qu'il désigne expressément par le nom de *pagi,* savoir : *pagum qui dicitur Sarnes cum aquis et portu maris.... et pagum qui dicitur Haga cum sylvis et portu maris.... pagum qui appellatur Balteis cum aquis terris cultis et incultis et eum qui dicitur Egglandes.* C'est une indication tout-à-fait vicieuse, et aucune de ces quatre localités ne constitue un véritable *pagus.* La première est le fertile canton connu encore aujourd'hui sous le nom de val de Saire, emprunté à la rivière qui y coule; la deuxième, la contrée naturelle de la Hague, dont les landes à perte de vue ne peuvent plus maintenant se couvrir d'une végétation sylvestre qu'au moyen de soins infinis ; la troisième, le Bautois, petit pays dont la circonscription paraît avoir été déterminée par l'emplacement d'une forêt : *Et de foresta illorum de Balteis omnes alias ecclesias* (*Charta pro Exaquio.* 1056). Quant à la quatrième, Eglandes, ce n'est plus maintenant qu'une commune isolée.

Aujourd'hui le nom de Cotentin ne s'applique plus à la totalité du diocèse, mais le plus souvent à la presqu'île, et quelquefois seulement à la circonscription de l'ancien archidiaconé du Cotentin.

## §. VI. DIOCÈSE D'AVRANCHES.

11. *Pagus Abrincatinus,* Avranchin. — Le diocèse d'Avranches ne renferme que le *pagus Abrincatinus* (*Abrincensis, Abrincadinus ;* Avranchin), sur l'ancienne circonscription duquel nous n'avons presque aucun renseignement. On sait que ce diocèse était, au moins depuis l'invasion normande, bien inférieur en étendue à tous les autres de la province. Nous avons donné sa limite septentrionale. A l'orient, la ligne de séparation était au-delà de Ger, de Saint-Georges de Rouellé, de Saint-Cir de Bailleul et d'Heussé. Au midi, elle allait de ce dernier point gagner la ligne du Couesnon au-delà de Montanel et de Sacei. Tout le monde sait que cette petite rivière a toujours servi, au S.-O., de frontière à la Normandie du côté de la Bretagne. Nous avons peine à croire que la cité des Abrincates et la ville épisco-

pale d'Avranches, la troisième en rang de la seconde
Lyonnaise, n'aient pas possédé primitivement un
territoire plus étendu. Mais nous n'avons aucun fait
à produire à l'appui de cette conjecture, le seul point
de l'Avranchin qui soit cité dans des documents antérieurs à l'invasion normande étant Précei, *Patricliacus*, qui, situé entre Avranches et Pontorson, ne
peut nous fournir aucune donnée sur les anciennes
extensions qu'aurait eues le *pagus* à l'orient ou au
midi. Une charte de Charles-le-Chauve (860) compte
ce lieu parmi les propriétés du monastère de Cor-
bion (Saint-Lomer-le-Moutier); et l'abbé Guarnon
y transporta, en 872, les reliques du saint pour le
soustraire à la fureur des Normands, qui n'avaient
pas encore pénétré dans cette portion reculée de la
Neustrie : *In pago quoque Abrincadino villa Patricliacus.... in pagum Abrincadinum in villam quæ
dicitur Patricliacus....*

## §. VII. DIOCÈSE DE SÉEZ.

Le diocèse de Séez, l'un des plus irrégulièrement
circonscrits de la Normandie, est aussi l'un de ceux
dont la topographie présente le plus d'obscurité.
On ignore jusqu'au nom de la cité qui l'occupait
primitivement, et dont le chef-lieu ne fut remplacé
par Séez qu'à une époque fort avancée de la domination romaine. Cependant plusieurs faits nous paraissent de nature, sinon à l'établir d'une manière

authentique, au moins à le faire conjecturer avec les plus fortes présomptions. Ces faits sont le nom d'Hiémois, qu'a toujours porté, jusque long-temps après l'invasion normande, le *pagus* qui en représentait la masse; le titre d'évêque d'Exmes, que prend son évêque dans le premier acte authentique où il figure (*Litaredus episcopus ecclesiæ Oximensis*, premier concile d'Orléans, en 511); et enfin l'existence d'une voie romaine parfaitement caractérisée, tendant du chef-lieu des *Viducasses* à Exmes, et se prolongeant probablement au-delà vers l'orient. Nous ne voyons dans le silence de l'histoire aucune supposition plus propre à motiver ces trois faits, que l'existence d'une cité ayant porté le nom d'Hiémois, et ayant eu son chef-lieu à Exmes (1).

12. *Pagus Oximensis* (2), Hiémois. — Ce qu'il y a au moins de certain, c'est que l'Hiémois (*pagus Oximensis, Oxmensis, Oxminsis, Oxomensis, Oximus, Osismensis, Otminsis, Oismacensis; diæcesis Oxi-*

---

(1) Depuis que ceci est écrit, nous avons appris l'existence de ruines romaines très étendues au bas du coteau d'Exmes, qui fournissent un puissant appui à notre conjecture.

(2) On doit se garder de confondre les habitants de ce *pagus* avec leurs homonymes bretons, les *Osismii* des anciens, qu'on trouve souvent appelés au moyen âge *Oximi,* et leur pays *provincia Oximensis.* On sait que les *Osismii* occupaient l'emplacement des diocèses de Quimper et de Saint-Pol de Léon.

*mensis; comitatus Oximensis, Oismacensis;* Hiémois, Oismois, Exmois) est l'un des *pagi* les plus importants et les plus authentiques qu'ait renfermés le territoire normand.

Une opinion fort répandue, et partagée par des savants illustres, étend jusqu'à la mer les limites septentrionales de l'Hiémois; elle repose sur ce fait, que toute la portion du diocèse de Bayeux, située sur la rive droite de l'Orne, portait le nom d'archidiaconé d'Exmes ou d'Hiémois, de *Oximio*. Cet archidiaconé se composait des doyennés de Troarn, Vaucelles et Cinglais. Nous ne pouvons admettre la conséquence qu'on tire de sa dénomination, aussi bien que de celle de rue Exmoisine, que prenait, au xi⁰ siècle, la rue de cette ville, appelée aujourd'hui rue Saint-Jean. Nous avons déjà vu que Saint-Silvain appartenait incontestablement au Bessin, et qu'il y avait de fortes raisons de croire qu'Airan était dans le même cas. Après un examen de cette question aussi approfondi qu'il nous a été possible de le faire, nous restons convaincu que ni l'Hiémois ni le diocèse de Séez, qui l'a remplacé, ne se sont jamais avancés (si ce n'est dans le Cinglais (1) sous la domination normande) entre l'Orne et la Dive, au-delà de

---

(1) Nous avons déjà cité le passage de la charte du duc Robert en faveur de la cathédrale de Rouen, où Boulon et N.-D. de Laise sont représentés comme appartenant à l'Hiémois. On y voit encore figurer *Niciacum,* aujourd'hui Neci, et l'un des

la ligne que ce dernier y occupait avant la révolution, et qui part d'Ouilli-le-Basset pour aboutir en-
deçà de Mésidon (1).

Au-delà de la Dive, la question est beaucoup plus
obscure. Il ne nous paraît cependant pas douteux que
l'Hiémois n'ait toujours possédé au moins ce que le
diocèse de Séez avait conservé de ce côté jusqu'à la

---

deux Ouilli (le Basset ou le Tesson) : *In villa quæ Oilliacus
vocatur xxxiij partes que vulgò Maltot dicuntur.... Ou
suivant une variante : In villa Oilliaco xxx mansos quos
dedit Sperennagarus....*

(1) Le seul point situé au nord de cette ligne qui ait été, à
notre connaissance, mentionné d'une manière expresse comme
appartenant à l'Hiémois, est le champ de bataille du Val des
Dunes, près Valmeré, que Wace y place de la manière sui-
vante :

> **Valesdunes est en Oismeiz**
> **Entre Argences è Cingueleiz.**

Nous ne croyons pas devoir attacher une grande importance à
cette détermination fournie par un auteur dont l'exactitude
n'est pas le caractère dominant. Il aura suffi qu'un lieu se
trouvât près des limites de l'Hiémois pour que Wace les lui ait
fait franchir sans scrupule, ne fût-ce que pour satisfaire au
besoin de la rime. Peut-être d'ailleurs une zone de cette portion du diocèse de Bayeux, alors déjà exclue du Bessin, ainsi
que nous l'avons vu ci-dessus, n'étant séparée par aucune
limite naturelle de l'Hiémois, fut-elle communément regardée
comme en faisant partie, faute d'un autre nom à lui donner.
Mais ce qu'il y a de certain, c'est que nous n'avons trouvé cette
extension consignée dans aucun acte authentique.

ligne de la petite rivière d'Oudon. Mais nous ne pouvons dire s'il s'étendait beaucoup au-delà vers la Vie et la Touque. Dans le cas où il n'y aurait eu qu'un Neuville dans ce quartier de la Normandie, la charte de Charles-le-Simple en faveur de Saint-Evroult (1) nous fournirait la preuve que le *pagus Oximensis* allait au moins jusqu'à Neuville-sur-Touque, mais il en existe un autre près de Séez. En approchant de la Charentonne nous trouvons des témoignages plus positifs de l'ancien état de choses. D'abord la charte dont nous venons de parler dit expressément que l'abbaye de Saint-Evroult était située dans le comté d'Exmes, *in comitatu Oximensi* ; ensuite nous savons par Orderic Vital que Giroie, seigneur de Montreuil-l'Argillier, ayant à son arrivée dans le pays questionné ses vassaux sur le diocèse auquel ils appartenaient, en reçut cette réponse qu'ils ne dépendaient d'aucune circonscription ecclésiastique ; sur quoi il se décida à adopter le diocèse de Lisieux, uniquement parce que l'évêque était celui du voisinage qui lui inspirait le plus de vénération. Sur son invitation, Baudri de Bocquencé, Wascelin d'Echanfré et Roger du Merle adoptèrent le même pasteur. Or, toute cette contrée appartient à la région naturelle connue encore aujourd'hui sous le nom de pays d'Ouche et qui a pris son nom d'une

---

(1) Ce prince y cite, parmi les propriétés du couvent dans l'Hiémois, un lieu nommé *Novavilla*.

vaste forêt qu'elle a remplacée sur les deux rives de la Charentonne ; et puisqu'il est certain que son chef-lieu appartenait dans l'origine à l'Hiémois, nous croyons avoir le droit de supposer qu'il en était de même au moins de toute la portion située sur la rive gauche.

Il pourrait se faire qu'il en eût été pareillement ainsi d'une fraction quelconque de la portion du pays d'Ouche qui s'étendait sur la rive droite de la Charentonne jusqu'à la Risle, et qui depuis l'invasion normande n'a pas cessé d'appartenir au diocèse d'Évreux ; mais le défaut absolu d'anciens renseignements topographiques sur ce quartier laisse la question complétement indécise.

Soit, au reste, que la frontière orientale de l'Hiémois partît de la source de l'une ou de l'autre des deux rivières, nous pouvons affirmer qu'elle allait gagner celle de l'Avre et la forêt du Perche *saltus Perticensis*. La Commauche et l'Huisne formaient dès cette époque la ligne de séparation d'avec le *pagus Carnotenus*, en y laissant Nogent-le-Rotrou, situé sur leur rive gauche et qui a toujours dépendu du diocèse de Chartres.

Au midi, l'Hiémois était séparé du *pagus Cenomannicus* et de la vicairie de Saonnois *vicaria Sagonensis*, par les mêmes limites qui ont existé entre les deux évêchés jusqu'à la révolution (1), et particulière-

<hr>

(1) L'auteur de la *Vie de saint Aldric* indique la forêt de

ment par la Sarthe depuis Barville jusqu'à Saint-Ceneri. Nous savons d'une manière positive qu'Alençon
et Saint-Ceneri lui appartenaient. Un document de
732 nous indique *Digmaniacus*, aujourd'hui Dami-
gni, comme situé *in pago Osismensi in centena Alan-
cionensi*; vers 550 Saint-Ceneri, *Oximensem diocesim
petens*, vient s'établir *super Sarthæ fluvium*, dans le
lieu qui, depuis cette époque, a constamment porté
son nom.

De Saint-Ceneri, la ligne de séparation remontait
le long du Sarthon jusqu'à Saint-Denis, puis de
Saint-Denis aux environs de la forêt d'Halouse, en
laissant en dehors le Passais Normand; et enfin de
ce dernier point, toujours à travers un pays extrê-
mement accidenté, jusqu'à Ouilli-le-Basset. Telles
étaient du côté de l'ouest au moins les limites de
l'évêché; car nous n'avons à y rattacher d'une manière authentique que deux points qui, bien que situés dans cette portion occidentale de l'Hiémois, se
trouvent assez loin de la ligne de circonscription :
ce sont Neuvi-au-Houlme, qui figure dans une donation à Saint-Wandrille, au commencement du
VIIIe siècle comme chef-lieu d'une centenie : *in pago
Oximensi in centena Noviacense* (1), et Bernai-sur-

---

Blavou comme située, au IXe siècle, dans l'Hiémois : *In silva
Blavau in pago Oximinse...*. Le texte imprimé porte *Blavau*, mais nous ne doutons pas qu'il ne faille lire *Blavau.*

(1) La propriété transmise dans cette donation est ainsi dé-

Orne: *in Brinnaico in Exominse (mansionilia) IV*...
*Gesta domni Aldrici, Cenomannensis episcopi.*

13. *Pagus Sagiensis.* — Vers le milieu du ix<sup>e</sup> siècle il s'opéra un grand démembrement dans l'Hiémois, mais là comme ailleurs il paraît n'avoir été que passager. La ville épiscopale de Séez, qui n'était encore, à l'époque de la rédaction de la Chronique de Fontenelle, c'est-à-dire vers 835, que le chef-lieu d'une centenie : *et illam rem quæ vocatur Vanda* (1) *in centena Saginse,* donnait son nom à un *pagus* distinct à l'époque de la tournée des *missi dominici* créés par le capitulaire de 853, et la séparation d'avec le *pagus* primitif était si complète que l'inspection n'en fut pas confiée aux mêmes personnages. Nous avons vu que les commissaires chargés d'inspecter l'Hiémois devaient embrasser dans leur tournée l'Avranchin, le Cotentin, le Bessin, ses sous-divisions, et le Lieuvin. Le pays de Séez fut au contraire réuni avec le Maine, l'Anjou et la Touraine. Peut-être cette distraction avait-elle eu lieu en faveur de l'évêque Hildebrand, prélat guerrier, et qui était occupé à une expédition militaire contre les Normands de la Loire, lorsque les moines de Saint-Maur-des-Fossés apportèrent

---

signée : *Montecellus villam cum adjacentiis suis, Meriliacó, Nervimaco, Ciriliaco.* Nous pensons qu'il s'agit du hameau des Monceaux et des communes voisines : Merri, Ners et Croci.

(t) Vande entre Séez et Alençon.

dans le nouveau *pagus*, *in pagum Sagensem*, les reliques de leur patron pour les soustraire au pillage. Elles y restèrent un an et demi dans le territoire du Mesle-sur-Sarthe (*ad villam quæ Merula nuncupatur*, dit le récit contemporain) déposées dans l'église de Saint-Julien, située de l'autre côté de la rivière et appartenant aujourd'hui à une autre commune, mais qui paraît avoir été la paroisse primitive du Mesle-sur-Sarthe. Nous voyons par là jusqu'où s'étendait le *pagus Sagiensis* au S.-E. Il est probable qu'il comprenait toute la région connue sous le nom de campagne d'Alençon, et une grande partie du Houlme, autre vaste contrée, qualifiée à tort de *pagus* par l'auteur du récit des miracles de Saint-Wulfran, qui en parlant d'Asnebec le place *in pago qui Hulmus vocatur*. Peut-être la ligne de séparation des deux pays fut-elle de ce côté le Don et l'Orne, comme la Sarthe au levant et au midi. Quoi qu'il en soit, le *Sagisum* ne paraît pas avoir eu une existence plus longue que les deux *Otlingua*, puisqu'il n'en est déjà plus fait aucune mention dans le diplôme de Charles-le-Simple en faveur de l'abbaye de Saint-Évroult, située si près de là et qui n'aurait pu manquer de posséder quelque domaine dans sa circonscription.

14. *Pagus Epidensis.* — Nous devons encore mentionner ici un *pagus* éphémère appartenant ou contigu au diocèse de Séez, qui ne nous est connu que

par la charte de Charles-le-Chauve en faveur de Saint-Lomer-le-Moutier, sous la date de 860. C'est le *pagus Epicensis*, qui figure entre l'Hiémois et le Corbonnais dans le passage suivant : *item, in pago Oximense et Epicense et Corbonisse villa Nugantus et Suriacus, atque Aurmiacus, cum omnibus possessionibus in præscriptis comitatibus pertinentibus.* Cette citation suffit pour nous attester que le *pagus Epicensis* a réellement existé et qu'il était administré par un comte distinct, mais non pour nous en faire retrouver l'emplacement. Des trois localités dont les noms suivent ceux des *pagus*, la seconde, *Suriacus*, doit, d'après l'ordre dans lequel elles sont citées, appartenir au *pagus Epicensis*, et la troisième, *Aurmiacus* (ou plutôt *Auriniacus*), au Corbonnais. Or, *Suriacus* est très probablement Suré, d'autant plus que ce lieu a continué d'appartenir à l'abbaye de Saint-Lomer, après l'invasion normande; et *Auriniacus* l'un des deux Origni éloignés de Suré d'environ une lieue, l'un à l'orient, l'autre au midi. On peut donc croire, dans l'absence complète de renseignements plus précis, que ce *pagus* temporaire aura occupé une étroite lisière entre le Corbonnais et le Saonnais, qui se prolongeait peut-être au nord entre la première de ces contrées et l'Hiémois proprement dit, de manière à justifier l'ordre dans lequel ils sont énoncés. Cependant il ne serait pas absolument impossible que *Sureium* ne fût Sevré, près Bernai-sur-Orne, et qu'ainsi pendant sa courte existence le *pagus Epicensis* n'eût occupé, à l'extrémité occidentale de l'Hiémois, tout ou partie du terrain compris entre l'Udon, l'Orne, le diocèse de Bayeux et le Passais, de manière à présenter de ce côté, pour ainsi dire, le pendant du Corbonnais, au lieu de n'être qu'une étroite lisière entre lui et le *pagus* principal, comme dans l'autre supposition.

Quant au troisième lieu cité dans ce passage, *Nugantus*, nous ne connaissons aujourd'hui aucun endroit de l'Hiémois proprement dit, ni même de tout l'ancien évêché de Séez, qui porte ce nom; néanmoins il n'est pas permis de douter qu'il n'y en ait existé un à cette époque, puisqu'un autre diplôme de Charles-le-Chauve, sous la date 849, accorde au comte Odo cinquante *Mansi in villa Noviento in pago Otminse*. On peut supposer que ce Nogent aura perdu son nom primitif pour prendre celui du saint protecteur de l'abbaye, à laquelle il fut donné en 860, et que c'est aujourd'hui Saint-Lomer-sur-Guerne, commune située entre Séez et Moulins-la-Marche.

15. *Pagus Corbonensis.*— Corbonnais. Quoi qu'en ait dit la tradition de l'église de Séez dans le passage que nous venons de citer, il n'y a jamais eu de véritable *pagus Perticensis*. Le Perche n'était avant l'invasion normande qu'une forêt, *Saltus Perticus*. Lorsque Grégoire de Tours a parlé du *Carnotenus pagus quem Pertensem vocant*, c'est visiblement,

ce nous semble, dans le sens de contrée, canton, qu'il a employé ce mot. Mais à l'ouest et au midi des vastes solitudes de la forêt du Perche, entre l'Hiémois et le Maine, se trouvait une circonscription de ce genre plus authentique, démembrée de l'Hiémois et bornée par la Commanche et l'Huisne, à l'est, et par la Sarthe au nord-ouest : c'était la *pagus Corbonensis*, *Corbonisus*, *Corbonisse*, Corbonnais (1), que nous avons vu cité avec le *Sagisum*, le Maine, l'Anjou et la Touraine dans la liste de tournées des *missi dominici* de 853. Nous avons déjà fait voir que cette contrée appartenait à l'Hiémois, lorsque nous lui avons donné pour limites à l'est la Commanche et l'Huisne. C'est ce qui est prouvé par le chapitre du Polyptique d'Irminon, consacré à la centenie du Corbonnais, où toutes les localités qui en dépendent sont portées comme existant *in pago Oximense in centena Corbonense*. Quoiqu'une grande partie de ces localités ne puissent plus être retrouvées à cause des changements opérés dans les dénominations et particulièrement de la substitution de beaucoup de noms de saints aux anciennes désignations, on en re-

______

(1) Le Corbonnais empruntait son nom à l'établissement jadis important de Corbon, où il a été battu monnaie sous la seconde race. Il paraît que ce lieu avait aussi donné son nom à une forêt, mentionnée dans la charte de fondation du prieuré de Ceton : *Foresta quæ dicitur Corbonium*... *foresta Corbonensis*...

connaît assez pour se convaincre qu'elles occupaient la circonscription de l'archidiaconé de Corbonnais et de celui de Bellême qui n'en est qu'un démembrement postérieur au x<sup>e</sup> siècle; bientôt la centenie devint un véritable *pagus*, ainsi que l'atteste la liste de tournées des *missi dominici* de 853. Yves de Bellême et son fils Guillaume, dans leurs chartes en faveur de Marmoutier, désignent indifféremment les mêmes lieux et particulièrement Bellême, comme situés tantôt dans l'Hiémois, tantôt dans le Corbonnais : *in pago Oximense*...... ( cart. maj. mon. 2. p. 295)..... *in pago Corbonensi* (ibid. p. 296). Cette dernière dénomination prévalut sur la première, et au xii<sup>e</sup> siècle nous la trouvons encore employée constamment par Orderic Vital (p. 610 et 627), malgré le peu d'importance, sous la domination normande, de son chef-lieu, Corbon, complétement effacé et remplacé par Bellême et Mortagne. Elle a même subsisté jusqu'à nos jours dans le nom d'archidiaconé de Corbonnais, qu'a porté jusqu'à la révolution la circonscription ecclésiastique qui en occupait la portion septentrionale.

Quant à sa portion méridionale, elle avait emprunté le sien à la ville de Bellême, si importante au moyen âge. Cet archidiaconé de Bellême, qui ne saurait, ce nous semble, remonter plus haut que le xii<sup>e</sup> siècle, remplaça un prétendu *pagus Belismensis*, qui n'a jamais existé dans l'acception rigoureuse de ce mot, mais que nous trouvons employé abusivement par Jean, évêque de Séez, dans une charte de 1127 : *in pago Belismensi* (cart. maj. mon. 2. p. 338); vers la même époque, dans un document relatif à l'église du Pin : *in castri Bellissimi* (sic) *pago* (ibid. p. 301), et même dès 1023 dans la donation de Damemarie à Jumièges, par l'abbé Albert : *est autem ipse alodus in pago Bellemensi.*

Nous devons encore exclure de la liste des *pagi* authentiques le *pagus Alenconiensis*, mentionné dans la charte de fondation de Lonlai (1026), comme renfermant Saint-Laurent-de-Beaumesnil et Echuffle. Alençou est visiblement trop près de Séez pour avoir pu en être détaché autrement que comme centenie ou tout au plus comme vicairie.

Il nous reste à parler du Passais Normand, petite contrée forestière (1) située au sud-ouest de l'Hiémois, et enlevée par les ducs de Normandie aux comtes du Maine. C'est une portion de la région naturelle du Passais, qui a pris son nom de la petite rivière de Pisse et qui a toujours appartenu au *pagus Cenomannicus* aussi bien qu'à l'évêché du Mans. Elle y occupait une portion de l'ancien territoire de la cité des Aulerques Diablintes, devenue au moyen âge une vicairie : *vicaria vel condita, vel parochia Diablintica, Diablinticum.*

______

(1) *Et de forestis totius Constanti... libonig. Const. ecclesiæ...*

www.ingramcontent.com/pod-product-compliance
Ingram Content Group UK Ltd.
Pitfield, Milton Keynes, MK11 3LW, UK
UKHW021009120726
13693UKWH00004B/1876